복숭아꽃에도 복숭아꽃이 보이고

박봉희 시집

문학의전당 시인선
0291

복숭아꽃에도
복숭아꽃이 보이고

박봉희 시집

문학의전당

시인의 말

쪼그려 무릎을 감싸 안은
석상의 자세로
내 안을 들여다본다

오래, 어두웠구나!

하얗게 떠 있는
내 안의 하얀 손
내가 나를 향해 손을 내민다

우리,
더 이상 헤매지 말기를……

2018년 8월
박봉희

차례

제2부

제3부

제4부

제1부

낙법

거의 죽은 나무
이끼 낀 나뭇가지에 꽃이 폈다

나무야,
나무에게로 돌아가라

제 안의 검은 목소리에 귀 기울인다

제 영정에 망각의 꽃을 바친

나무는
나무에게로 돌아가서
나무가 되고

아무것도 아닌 것이 된다

더 이상 떨어질 곳 없는

록(Rock)

잠은 내가 태어나기 전에 이미 바닥났나
내 안에 다른 세월이 있는지 들여다보고 싶은데
눈뜨기 싫은데

불면의 기억 속 아버지
수돗가내던진내책가방알몸휘감은허리띠잠긴대문
찢겨진 악보처럼 발악하던 엄마

Mama
*Just killed a man**

내 연주엔 아버지만 없어
아버지 날 낳은 적 없어
없는 아버지의 세월
문지르고, 뜯고, 치는 연주는 과거풍

아버지의, 아버지의, 아버지의,

트릴, 패팅, 피치카토, 보잉
라이브 연주는 탈리온 주법

천국에서의 한때 기억은 내게 없어 내가 없어
엄마, 입 다물어 엄마도 조금 약한 아버지야
아무 일 없었고 기억을 증언할 의무는 없어
태어나자마자 늙어버린 꿈
꿈이 생시고 그 생시의 마지막 곡소리,

Mama
Just killed a man

---

*록 그룹 Queen의 노래, 'Bohemian Rhapsody' 중에서.

가자, 아버지!

상행선 열차가
수시로 바람둥이 아버지를 태운다

Let it go, Let it go,

내가 올라탄 건 아버지의 휘파람
갈 데까지 가보자,
휘파람 부는 대로 몸을 실었으나
역마다 몸이 삐걱거렸고
내 노래는 아버지의 가사로 가득찼다

Let it go, Let it go,

기타리스트 복학생 애인은
결혼하자 말하지 않아 차버렸고
연애는 늘 오늘이 처음인 듯
간이역처럼 줄선 기타 줄이 대신했다

Let it go, Let it go,

떠돌수록 노래는 가벼워졌던가
별 볼 일 없이 사는
바람둥이 내 안을 들여다보면
기타 없이도 자기 곡조를 타던 아버지가 소용돌이친다
가다 보면 가는 것이 가는 것에 맞닿겠지, 흥얼대는 나를
태우는 상행선 열차가 있다

Let it go, Let it go,

왜, 왜, 왜

내가 치고 뜯고 던지던 기타, 아버지를 대신했다 어떤 음표든 코드든 아버지와의 연주 안에서 가능했다 왜, 왜, 왜, 칸칸 음역에 일렁이는 의문들 대답 대신 헛바람, 헛기침이 새나왔다

자기 말만 하던 아버지, 농담과 진담, 어느 말도 말이 아니었다 하얗게 고인 마른 침에 설교, 변명, 불만이 쩍쩍 달라붙었다 언제까지, 어쩌라고, 외치는 내 굳은살 박인 손가락, 바이브레이션 기법으로 왜, 왜, 왜,

그래도 내 줄이었던 아버지, 열리지 않을 자신 속에 자신을 묻었다 자신의 비밀을 자신에게 근저당 설정했다

기한 지난 내용증명처럼 아버지를 증명할 수 없던 기타 줄이 끊어졌다 내가 산 아버지의 삶을 돌려받기도 전에 끊어진 줄, 줄은 끊어졌지만 소리는 끊어지지 않은 왜, 왜, 왜,

식물세탁기 웃음치료법

입부터 벌리나요 목젖 보이며 웃어봐요 목울대가 떨리나요 가슴이 간드러지나요 배꼽이 간질거리나요 하하, 발바닥이 꼬물거리나요 빨랫감을 쑤셔 넣자 키들키들 웃는 세탁기

드럼통 허리 감싸던 헐렁헐렁 티셔츠, 벌러덩 누운 바지, 땀 절은 수건도 함께 돌려요 돌려도 돌려도 패가 약해요 녹슨 관절이 절룩이나요 빨랫감에 숨통이 꺼억 꺽 조이나요 아하, 몰수패 실격패 그런 패 말고요 비명이 신명이 될 때까지 엔도르핀 생성하는 웃음패나 돌려요 수명은 10년인가요 20년인가요 웃음에 관한 한 생을 다 토했지만 식물세탁기는 매력이 없잖아요

웃음이 있는 한 뇌사(腦死)는 없나요 물때 손때 비웃음때 빠질 때까지 팽이채를 휘둘러요 미소 실소 폭소 박장대소패가 돌아가요 오른쪽 왼쪽 오른쪽 왼쪽 스텝은 쉼 없이 꼬이지만 세탁, 헹굼 겨우 마친 마지막 탈수, 온갖 일상이 다 탈색될 때까지 여우웃음 늑대웃음 후두둑 쫓으며 키들키들 꺼억 꺽

가정(假定)과 가정(家庭) 사이

가정(假定)과 가정(家庭)은 피를 나눈 사이
담배 한 모금에 뜬구름 한 발
허공에 자욱한 총성

가정(家庭)이 힘들수록 가정(假定)은 늘어난다

그가 그에게 겨눈 희망과 절망이 낭자하다

허공에 띄운 먹구름이
이삿짐 풀어지듯 한숨으로 흩어진다
재의 하루가 저문다

오늘을 내일에 묻는
그의 말들이
물고 씹은 필터처럼 잘근잘근하다

가정(假定)과 가정(家庭)
수십 년 정을 통한

그가 그를 끊어내지 못한다

또다시, 그가 그를 향해 세상을 향해
삐딱하게 총구를 겨눈다

아직은, 시간이 있는

구석이 된 그녀

도심 속 골목, 전당포를 향해 걷는다

니도 한번 애 키우며 살아봐라,

독감처럼 쿨럭이는 엄마 말을 떠올리며 걷는다

결혼 예물로 받은 반지, 팔찌, 목걸이를 맡긴다

골목을 돌아 나오며

엄지와 검지로 더 이상 넘어가지 않는

주머니 속 지폐를 세고 또 센다

머릿속이 하얗게 센 그녀가

주머니 속 지폐를 움켜쥐고 종종걸음 친다

울분과 불안이 일렁이는 운명과

손잡을 시간이 아직 남아 있는

그녀가 대로에 합류해

어디론가 흘러가고 있다

나의 이때와 그때

하루를 여는 태양이 모래사장에 드리워질 때 나는 그곳에 서 있는 거대한 야자수에 도착한다 저 꼭대기에 그때로 들어가는 문이 있을 것 같아 실물과 그림자 키가 같아지길 기다린다

꿈꾸는 걸음으로 모래 위에 세워진 야자수 그림자를 밟고 오른다 꼭대기에 사각의 모래문과 모래상형문자가 새겨져 있다 그 위에 손가락 올리고 사인을 따라 그린다 그때 어둠이 어렴풋이 떠오른다

떠 있는 구름 위에 지난날이 재건되고 태양을 숭배하는 내게 양산이 왕관처럼 씌어진다 그때의 아우성이 눈앞을 파도친다 밀물썰물은 적국과 벌이는 전투처럼 발 내디딜 때마다 물로 빚은 군사들, 무리무리 물거품 된다

모래 위에 세운 나의 왕국은 파도가 끝나는 지점까지다 지난날이 오늘에게 물려주는 어보처럼 태양이 중천에 찍힌다 그림자 짧아진 야자수가 불길에 휩싸이고 여왕의 그때가 이

때를 향해 돌아선다

내가 뒤집힌 태양의 모래시계에서 걸어 나오는
나를 잠꼬대하듯 바라보고 있다
그 경계에서 나의 이때와 그때가 마주본다

눈물의 장례

내 눈물은
북태평양을 거쳐 남대천에 쏟아낼 연어 알

머리, 배, 발의 혈관을 따라 이동한다
의심하지 않는다

조카가 조그마한 종기로 입원했다 이유 없이 피를 토하듯
역류한다 신음이 소용돌이친다

상류가 가까워진다
굳은살 박이고 너덜해진 한 세월이
적막한 적조의 서녘에 은빛 머리카락을 적신다

영원이라서 슬픈 생각이 생각을 거슬러 올라 눈을 뜨고
산란하지 않겠다는 다짐이 눈을 판다
눈 속에 눈물을 밀어 넣고 삼킨다
눈을 감고 아득해진다

감정이 메마른
나의 한 마리 거대한 연어가 새끼를 가슴에 묻고 중얼거린다

더 이상 모천은 없다

계단

일자무식이다
바닥에서 바닥까지 딱딱 맞아떨어진다

아는 것만 아는
일방, 윗대부터 내림의 방식이다

다진 발자취는 전부 굳은살이다

자유롭게 연주하는 악사의 아코디언
비상을 위해 일으키는 바람
등짐 진 낙타가 목 축일 오아시스

그런 바람들조차
일자의 오르내리막이다
위로 아래로 첩첩 까막눈이다

건너뛰어 건네는 단계를 모른다
떼로 몰려 줄 선

줄줄이 찰떡궁합이다
찰싹 붙어 이러지도 저러지도 못한다

뒷줄 대는 일자무식 삶의 방식
이전과 이후를 막론하고
뒤탈, 없겠다

어떤 농담

도처에 천국이 있다
그곳은 그녀가 잘 아는 천사들의 거처이다

동생, 친구, 언니, 선후배
그녀를 향한 천사들의 배려, 연민, 손길이 있어
세상은 세상 안에서, 그녀 안에서 유예된다

함께 수다를 떨고
고민을 터놓고
배낭여행을 하고

그녀는 어울리면서 어울리지 못한다
딴생각이 선을 넘는다

그녀가 말한 천국 때문에
지옥이 분명해진다

그녀가 우러러보는 천사들 때문에

그녀 불행이 온전해진다

농담이 진담이 된다

잘되어, 잘못된 만남 덕분에
그녀에게서 날개 대신 뿔이 돋기 시작한다

생활의 발견

이제 남은 시간은 5분
무엇보다 칼을 잘 써야 한다

접은 부분이 화살촉처럼 빠져나온
도마를 폈다 접는 달인

뚝배기, 프라이팬, 믹서
대폭 난감 품목들을 싱크대 위에 펼쳐놓고
거미줄 같은 일상의 별자리를 짠다

엘리베이터, 에스컬레이터, 계단 등의 교통수단
상품권, 카드, 현금 등의 결제방법
가상과 상상의 구분은 생활의 난(難)에서 나온다

화공이 난을 치기 위해
먹물 찍은 붓에 혼신을 기울이듯
달인이 제 머리에 화살을 겨누고 팽팽하게 시위를 당긴다

호박, 두부, 마늘, 청양고추
단숨에 찔러 들어가는

저 단도직입

달인 손에는 수국 문양의 사기뚝배기가 들려 있다

각북

구불구불한 지형과 지명을 나이테처럼 감은
각북, 한 그루 오래된 나무에

그녀는 죽은 애완견 돌돌이를 수목장했다
그녀가 물려받은 조상의 검은 피를 수혈했다
그녀가 그녀에게 속고 속인 세월을 새겼다

살아서 죽은 영혼을 위로하는
죽은 영혼을 흔들어 깨우는 그녀의 각북,
동녘의 맞은편에
천강성이라는 별이 길방을 비추기 위해 흉방에 위치하듯

나무둥치의 길과 그곳에서 뻗어나간 길의 나뭇가지에
꽃의 조문행렬이 이어진다
각북, 잘 살았구나, 잘 자란 가지에 접붙인
그녀 옆구리에 피가 돈다
옹이 진 테이프 풀듯 그녀가 잎잎이 피어난다

재가 된 영혼이 넘지 못했던 재를 넘으며 훙얼거린다
각북, 애썼다
이것으로 네 할 일, 내 할 일 다했다

줄장미

태어나고, 태어나
내가 더 많이 태어난다

도망치고 붙잡히고
내가 다른 계절, 다른 장소에 밀린 적 없다

주인을 따르는 맹인견처럼
맹인견을 따르는 주인처럼

저 견인,
제대로 제철이다

피는 못 속인다
피를 말리고 부르는
붉은 영혼들

붉어서 끝이 없는

제2부

봄에 내리는 진눈깨비

이별이 내게 시 한 구절을 내주었다.
나는 그것으로 한 편의 시를 써야 한다.

오늘밤은 안 돼

안에서 문을 잠그면
안으로 들어가지 못해

이건 좋지 않은 방법

눈을 들여다보고
눈이 눈을 들여다보고

아침이 됐다고 지난밤이 사라지는 건 아니지만

그것 때문에
다시, 울 일은 없을 것 같다

무언가 자꾸 눈에 밟히는 날들

보도블록 사이 풀꽃의 안간힘
골목 누비며 고물 챙기는 노부부의 부산한 손놀림

무언가 자꾸 눈에 밟히는 날들이 있다

오늘이 멀다 하고 오늘에 몰려
제 머리카락 쥐어뜯었던
짐인 듯, 짐 진 듯
오늘을 내려놓고 널브러진

지난날이 뭔가 보게 하였느냐
온몸의 피가 거꾸로 돌아
철이 들고, 철 늦은 꽃 피웠느냐

방충망 틈을 찾아 틈 바깥에서 헤매는 말벌의 날갯짓
장애 자식과 좌판 푸성귀 파는 어미의 살가움
새끼 고양이 위에 올라타
죽일 듯, 죽을 듯 교미하는 덩치 큰 길고양이의 헐떡임

뭔가 모를 뭔가가 함께하는
뭉클한 마음이 눈에 뿌리내려
그렁그렁 말갛게 익어가는

그런 날들이 있다

꽃의 우화

소문이라면 믿겠습니까

개가 없는 곳에서 개가 땅을 팝니다

화단에 목맨 목단은
개 같은 생의 환생이라 짐작해도 무난하겠습니까

키보다 낮은 철창에 갇혀
서지도 앉지도 못하는 엉거주춤의 자세와
누런 이빨 사이 흘러내리는 개의 진땀 사이로
헐떡거림이 꽃의 농담에 붉게 얼룩져 있습니다

사실이라도 믿지 않겠습니까

여러 생을 건너와 뿌리내린 뒤란에는
이래저래 벗어날 수 없는
한 여자의 목단이 한창입니다

한 여자의 뒤란이 소리 소문 없이 짖고 있습니다

비 오면 없어지는
먹구름으로 결론 난다 하더라도

창 안의 창

한 여자가 창가에 앉아 먼 데를 바라본다 그곳에는 초록 구릉이 동서로 완만하게 펼쳐져 있고 구름은 황급한 전갈을 받은 듯 어디론가 몰려간다 머리를 풀어헤친 한 여자도 구름에 합류한다

예언자가 일러준 왕국은 어디에도 없다 오래전 한 여왕으로 태어났지만 살아본 적 없는 한 여자, 다른 한 여자의 생을 사는가 구릉을 뒤덮은 풀은 어느 몰락한 왕족의 저잣거리처럼 뒤숭숭하고 피 냄새 맡은 구름은 피신 가는 발자국으로 날이 서 있다

희미한 슬픔이 배인 구름에 뜬구름은 없다 밟고 밟혀 두루뭉술해진 구릉과 구릉 사이 좁고 검은 흙길이 파여 있고 그 위 한 그림자가 질척인다 제자리걸음이다 걸음이 걸음을 못 박는 소리 한 여자의 눈, 시간의 부채독수리가 파먹은 듯 휑하다

창을 닫는다 이곳과 그곳의 흙더미가 미로를 덮는다 한 여

자로 살아온 한 여왕의 일대기가 영혼 없는 뇌리에 새겨진다 바라본 먼 데가 미열로 떠 있는 한 여자, 움켜쥔 알약을 마른 입속으로 털어넣는다 죽은, 죽지 못한 미라 한 구, 창 안 깊숙이 안치된다

구제

이 자루에서 저 자루로 들락날락한다 오늘 해온 물건입니다, 쪽방만 한 시멘트 바닥에 놓인 마대자루가 주둥이를 연다

자루 속에는 생년월일을 망각한, 구김살을 상표로 붙인 구제가 똘똘 뭉쳐 있다 상처는 재고된다 파헤친다 구제를 고르는 나도 구제, 너도 구제, 이국 청바지도 구제, 희망도 구제, 구제가 구제의 고객이다

구제는 하늘에 전부를 건다 전부가 창궐하면 오래 무릎 아프겠다 '구원은 물 건너갔다' 환청에 신의 뒷모습은 없다 시궈를 파먹는 구더기처럼 우글대는 구제는 부화해도 구제이다 자루 속 자루……그 속의 구제들 구석구석 확산된다

저녁 못을 걷다

못을 따라 산책을 한다 운동모에 레깅스 입은 여자도 개와 걸어간다 나는 개를 앞질러 못에 떠 있는 청둥오리를 바라본다 허우적대는 청둥오리의 빨간 다리를 들여다본다

사람이 빠졌다, 사이렌 소리처럼 허공에 튀어 오르는 비명, 누군가 다급히 전화를 한다 자살, 축 늘어진 호피무늬 속옷의 저 여자도 우울증인가 그래 사는 게 죽은 거지 어디에도 없는 나처럼

못을 따라 걸으며 중얼거려본 유언, 무슨 말을 해도 비문이다 내 걸음이 만든 만 개의 생각들, 일몰이다 어디에도 없는 내 발소리가 못 속 침전물처럼 가라앉는 저녁 무렵

말할 수 있을 때까지

자목련이 자목련을 틀어잡는다
자주색 봉오리, 돌의 형상이다
제 바깥이 아니라 안을 향해 돌을 쌓는다
말할 수 없음, 자목련의 화답이다

사는 게 이게 아니지 싶을 때
꽃이 꽃을 벗기 시작한다
꽃받침이 꽃에서 떨어지며 벌어진다
그 틈에 힘입어 꽃잎이 제 살을 찢는다

눈 귀 입을 열고 옹이 진 불안을 말한다
멍든 흠집을 열고 별일 없음을 말한다
어디까지 만개일까

반은 어둠이고 반은 새벽인
반은 벽이고 반은 허공인

자목련, 펴다 만 손가락을 오그린다

이게 아니지 싶은 엉거주춤의 모양새이다
속절없음은 여기까지

세월이 얼마나 더 깊어야 바닥을 보일까
보이지 않는 바닥이 누적될수록 무성해지는
자목련은 말할 수 있을 때까지만 자목련이다

사과, 하실래요

사과가 넘친다 우리 동네 노점상들처럼

사과나무는 도로 가장자리에서 쫓겨난 노점상들을 위해
세상이 골목 오르막에 새로 마련해준 노점 같고
그 가지는 사과가 비집고 엉덩이 붙일 좌판 같다

사과 옆에 사과 그 위에 사과 그 아래 사과
사과와 사과 사이는 가깝고도 멀다

흠집 난 사과 한 개
변기에 던져버린 벌레 바깥으로 기어 나와
다시 집어넣고 물 내리듯 떨어져 나가면
그 자리에 속앓이 한 개 새로 생긴다

막판의 사과는 혈안이 되어간다

사과 옆에 사과 그 위에 사과 그 아래 사과
사과는 사과의 사정을 알면서도 모르는 사이

사과는 사과하지 못해서 사과일까
사과 받지 못해서 사과일까

제 밥줄에 목맨
사과는 이래저래 사과가 무겁다, 무섭다
기울어져 가는 탑처럼 쌓여 있는
사과,

맹목

끝이 보이지 않습니다
보이겠지, 보이지 않는 걸 믿는 건 시작에 대한 예의

맹목이 사람 잡습니다
사람이 사람 구실 못하니 병신이 되겠습니다
병신은 서열 밖의 이상기온

만병은 신이 내린 처방입니다
세상 밖의 신은
죽고 사는 일에 관대합니다
웃고 우는 일에 무관합니다

끝나겠지, 끝을 믿는 건 끝에 대한 제의
사이비가 사람 죽이고 살립니다

병신은 신의 처방을 묵인하고
제 안에서 들려오는 묘약에 귀 기울입니다
병신은 종말을 믿는 자신의 관행을 존중합니다

병신은 병신을 신봉하기로 합니다

약은 시간입니다
병이 만만해집니다 신열이 가라앉습니다
세상의 하얀 매트리스 위에서
잠시, 병신의 화병이 정상으로 회복되겠습니다

무중력의 그녀

백화점 진열장 속 꽃다발이 그녀를 반긴다
심야 영화를 예매한다
오늘은 당신 생일, 팝콘세트 무료쿠폰도 한 아름
태어나서 기쁜 날, 아메리카노 커피, 콜라도 한 아름

생일이 그녀를 먹어치우고 있다
음률은 환장 혹은 환상

무중력의 그녀
리드미컬하게 흐르는 유리 구두의 홀로그램처럼
어두운 하늘 초승달로 떠오른다
백댄서처럼 스텝 밟는 환생 별빛들

그녀 생일이 삼바, 탱고, 살사, 삼바, 탱고, 살사

가상화면은 흐르고 삶은 미끄러지고
자정이 기울고, 그녀도 기울고, 울고, 불고, 또 울고
박자가 꼬여 흐르는 유리 구두와 유성들

철새 떼는 남으로 가고

영화를 시작하기 전
그녀 생일이 상영한 판타지
그녀 혼자 맛보는 슬픔이 블루스는 아니다 뽕짝이다

서랍을 열면

내가 잘 알지만, 전혀 모르는 그녀가 있다

그녀가 서랍을 연다 작은 서랍들이 층층이 달려 나온다 환한 구석에는 뭔가 꼬물거리고 그것을 보는 그녀 눈빛이 흔들린다 어두운 영혼은 이미 경험한 과거처럼 서랍에 달라붙는다 그 알 수 없는 어둠에 휩싸여 그녀가 자신을 앓는다

그녀 자신의 손가락이 어둠을 더듬는다 만져지는 밤이 더께로 쌓인 자신의 바닥을 훑는다 유골함을 조문하듯 무채색으로 흐려지는 그녀의 눈빛, '생각하는 사람'의 시선으로 차츰 익어간다 제 몸 바깥에 뿌리내린 영혼처럼 들여다볼수록 속일 수 없는 어떤 순간이 그녀의 알리바이가 된다 뭉그러지는 눈빛, 움푹 꺼지고 오늘이 또 허우적거린다

이미 겪은 내일이 아직 오지 않은 오늘에게 보낸 조문처럼 그런 어둠이 그녀의 눈빛을 뒤덮는다 열려 있어도 언제나 닫힌 서랍 속 내가 잘 알지만 전혀 모르는 그녀가 있다 층층이 어두운 서랍이 여는 깊은 밤

잠깐 열었던 그녀, 자신을 쾅, 닫는다

당신이 우는 동안

가을 소나기가 버림받은 윗집 개처럼 짖어댄다
당신 손에는 살 부러진 우산이
그대에게 건네줄 쇼핑백이 들려 있다

당신 말이 끝나기도 전
비 맞은 그대 뒷모습, 골목을 돌아나간다
와이퍼에 밀리는 나뭇잎처럼

그대는 보신탕 간판 앞, 비 맞는 소국 화분을 지난다
자동차정비소 한쪽에 차를 세우고 비상 깜빡이를 켠다
라디오를 흘러나오는 '웰컴 투 더 호텔 캘리포니아'
공회전하듯 떠는 당신을 당신 바깥으로 밀어낸다

당신 없는, 그대 없는 세상이 물안개 속에 묻힌다
당신이 잠시 눈감고 어둠에 그대를 맡길 때

이 비 그치면 추워지겠다, 중얼거리는 당신
개목걸이처럼 길게 늘어뜨려진

머플러를 목에 휘감아 맨다

당신 바깥의 세상을 끄고
주인을 기다리는 개의 심정으로
당신을 몰아 교차로를 빠져나간다

목련두부

목련시장은 목련이 간판이다 거기 두부 가게는 국산 해수 두부만 판다 나는 그 두부만 사먹었다 몇 번의 목련이 피었다 졌을 때 나는 몇 블록 옆 국산 두부와 중국산 두부의 노점상으로 발길을 돌렸다

반값 싼 중국산과 국산의 사이는 너무 가까웠다 한번은 국산, 한번은 중국산을 번갈아가며 샀다 또 몇 번의 목련이 피었다 졌다 그러다가 나는 중국산으로 완전히 기울었다

두부 앞에 서면 죄 짓지 않아도 죄스러워진다 두부를 살 때마다 막 출소한 자의 심정으로 두부를 받아든다 두부는 두부일 뿐이다 콩을 불리고 갈고 끓이고 짜고 굳힌 두부의 일대기 같은 목련, 물오른 나뭇가지 위 두부가 돋을새김으로 돋아난다

제3부

새벽 기도의 방식

치맛자락이 끌리는 곳에 싹이 돋는다 죽을 수도 있는 울음이 타들어가 거름이 되고 해와 비와 바람이 몰려와 기도가 된다 어느덧 사구(砂丘)를 닮아가는 코끼리나무

코끼리 귓바퀴에 대고 입술을 움직인다 무성해지는 잎들, 구름과 새들의 순례 행렬이 이어진다 하늘로 뻗어나가는 코, 쩍쩍 갈라진 양장본 수피에 전갈좌, 오리온좌가 부활한다

12성좌와 함께 코끼리 등에 올라탄다 치맛자락이 살짝 들린다 나무뿌리에 얽힌 발목, 허공을 칡즙처럼 으깬다 지구가 북위 45도로 살짝 기운다

앞으로 고꾸라진 머리가 먼지 낀 지구본처럼 빙빙 돈다 잠꼬대 속 예루살렘은 어디에나 있고 어디에도 없다 실루엣 너머 새로 생긴 사구(砂丘) 위로 코끼리가 지나간다

어느 비 오는 날에

성모마리아가 한눈파는 사이
당신이 내 기도를 빼내갔다

돌려줘,
내 하얀 손이 허우적거린다

갑자기 몸에 물이 차오르고
당신이 넌 익사할 거다, 말한다

그래도 난 울지 않아

기도가 빠져나간 텅 빈 몸
그 부력으로 물 위에 둥둥

스티로폼 부표처럼 떠 있는 손
간절한 기도는 아직 도착 중인가

내가 당신을 심연으로 밀어 넣을 때

나는 당신에게서 빠져나올 수 없다
나는 내게서 빠져나올 수 없다

성모마리아가 한눈파는 사이
당신이 내 기도를 빼내갔다

오늘은 그런 날

비가 내리지 않아도 눈에서 비가 내리는
그런 날에는 매운 게 먹고 싶다

오늘은 그런 날
그녀가 서른 번째 죽는 날
상 위에 라면 김치전 계란말이 닭볶음탕을 놓는다
쥐포 오징어 멸치와 찍어 먹을 태양초고추장도 놓는다
그런 날 귀신이 온다는 소문을 믿고
음식에 나무젓가락을 걸치고 막걸리를 올린다
축문을 읊조리고 절을 한다

그런 날, 그런 날을 기념하기 위해
오래전 마당 수돗가에서 무심히 닭 모가지 내리치던
단발머리 소녀를 불러온다

—그때 두렵지 않았니
—모가지에서 뚝뚝 듣는 핏빛이

소녀의 그날이
찐득한 태양초고추장에 설핏 어린다

오늘은 아무것도 몰랐던
그때의 오늘
그녀는 그녀의 어린 시절과 마주앉아
막걸리 한 사발과 멸치 푹 찍은 청양고추장을 먹는다
재회의 슬픔과 이별의 눈빛을 나눈다
핏빛의 순한 기억을 깨워
스물아홉 번의 고비를 건너와
다시 죽는 연습을 하고 제사를 지낸다

오늘은 그런 날

언제나 사랑할 때

사랑하는 사람과 거리를 두는 일만이
일이 되었던 그때

그래서 사랑하는 사람도 사정없이 떠나보냈다

그때 우리 사랑은
어느 유원지 선술집에서 졸다가
배후 없는 바람처럼 흩어졌던가

다른 누군가와
사랑 없이 사랑하며, 견디며, 건너가는

그 사이
다른 누군가는 떠났고
또 다른 누군가는 태어났다

결혼식과 장례식
초대장과 부고장을 양손에 받아든 이때

삶도 죽음도, 사랑도 이별도
내 손 안에서 바스락, 자취를 남기는 이때
아무 누군가와 사랑하는
일, 일도 아닌 이때

이때는
그때 우리 사랑의 들러리가 되고

이때나 그때나
때는 때가 아님을

꽃, 피우는 일

1

저 고목, 안으면 몇 아름 되겠다 벼락 맞은 구멍이 속까지 다 시커멓다 살아남은 한쪽이 곁가지 치며 무성하게 잎을 피우고 있다 한쪽이 온몸을 감당한다

2

봄날, 사별한 친구와 고목을 구경하러 갔다 한쪽에 잎과 열매를 맺은 고목을 배경으로 사진도 찍었다 친구가 남편의 빈자리를 자신의 외로움, 생활고와 딸들의 진학, 결혼문제 등으로 채우듯 반은 죽은 나무가 자꾸 새로운 가지를 뻗는다 애들 얘기, 돈 얘기, 외롭다는 얘기, 몇 구비를 넘던 그녀의 걱정이 죽은 나무도 살린 것 같다

3

수년째 절면서 간신히 살아가는 내 친구 아버지도 벼락처럼 풍을 맞았다 한파에 얼어터진 수도관처럼 갑자기 삶이 터져버렸다 고혈압의 친구 아버지 쓰러져 반신불수가 되었다 살아남은 한쪽이 죽은 한쪽을 줄인형처럼 당겼다 풀었다 자

신이 자신을 견인하며 남은 생을 견디고 있다

4

저 고목, 오장육부가 다 숯이다 움푹 파인 속, 무덤이다 숯검정의 속은 숯검정에게 맡기고 고목이 가지를 뻗고 꽃을 피운다 자신의 무덤 속 흐르는 죽음을 빨아먹고 자신이 피어났다

차라리 창(窓)이 되겠습니다

그렇게 되어 먹었습니다

그래도 진딧물이 되겠습니다

꽃잎은 신이 내려준 텃밭입니다

식욕은 연두에서 어둠 사이 들끓습니다

촉수는 진딧물의 것이 아니라

진딧물 아닌 것의 소유입니다

환생의 텃밭을 솎아내는 노역이 돌림병처럼 퍼집니다

차라리 창(窓)이 되겠습니다

이것도 저것도 아닌 허공은 영원입니다

모순은 진딧물과 진액의 숙면입니다

한잠 빠져든 초록 그늘에서

또 그렇게 되어 먹은 무당 날개가 빠져나갑니다

편도

그가 떠났다

줄 끊어진 기타, 폼 클렌징, 뒤집어진 양말, 개 짖는 소리,
전자 담배
그런 것만 남겨둔 채

쇼윈도 마네킹 그 텅 빈 미소를 띠고
어느 뒷골목을 떠도는가

쫄바지, 구충제, 막창, 투명보트, 스마트폰 충전기, 비염
그것들도 남겨두고 그가 떠났다

플랫폼을 끌던 캐리어
안녕, 이라는 시간이 허우적대던 손짓
차창 앞 열차시간 전광판처럼 뜨겁게 떠 있던 얼굴
아귀찜과 꽃등심 그 벌건 살점과 핏물의 시간들

남겨진 것도 그녀의 몫

떠나간 것도 그녀의 몫

가든 오든
어느 쪽도 그의 편이 아니다
그녀의 이별엔 편도가 없다

메아리, 검은

비가 왔고, 연락이 왔다
그가 돌아가셨다

근조화환과 꽃바구니가 조문객처럼 모여 있는 빈소에 들어간다 영정에 흰 국화 한 송이를 바치고 목례를 한다 그의 명복을 빈다 검은 정장, 검은 한복의 상주들과 맞절을 한다 상주와 마주앉아 고인의 가쁜 숨결을, 매장해달라는 유언을 듣는다

여전히 비가 온다 내 눈에도 비가 온다 아득하다 어둑하다 누군가 시동을 걸자 몸이 몸속으로 빠져든다 잠을 안약처럼 눈에 넣고 눈을 감으면 내가 허락하지 않은 삶을 내가 사는 순간이 온다 구멍 뚫린 검은 돌처럼 영혼이 빠져나간 순간은 잠잠하다 내가 내 생시의 꿈을 들여다보는 것 같다

그의 빈소 옆에 내 주민등록증을 확대한 영정이 놓여 있다 국화 한 송이를 올린다 그를 따라 나도 잘 돌아가셨다, 명복을 빈다 부의함에 내 이름이 적힌 봉투를 넣는다 내가 내게

진 빚을 갚는다 제상에 마주앉아 떡, 과일, 지짐, 마른안주, 육개장, 돼지수육, 홍어를 먹는다 누군가 밤으로 가는 시동을 밟는다 잘 돌아가셨다, 메아리치는 악몽 내가 내 몸속으로 잠긴다

나를 돌아 나온 내가
한 사흘 비로 내리고 있다

복숭아 꽃밭에서

복숭아
복숭아꽃만 보인다

복숭아꽃을 키운
폐가 툇마루 아래
낮잠 자다 들킨 도둑고양이
바짝 들린 실날의 콧수염에도
복숭아, 복숭아꽃이 보인다
복숭아꽃에도 복숭아꽃이 보이고

복숭아꽃 붉은 입술을
드릴 못처럼 숨 가쁘게, 바쁘게 후비는
벌 한 마리,
못 박듯, 못 박히듯
복숭아꽃의 전생을 서리하는
벌 한 마리,

그 이전과 이후가 없는

없는 것이 키운

복숭아꽃에도 복숭아꽃이 보이고

관음죽

관음죽에게 물을 주며, 생각한다
아무도 없는 거실에서
혼자 욕하고 허공에 주먹을 날리다가

저것이 보고 있다는 생각에
내가 고요해지면
생각난 듯 또 다른 나를 불러낸다

누렇게 갈라지고 먼지 앉은
너를 위해, 아니 나를 위해
물 주고 걸레질하고, 흥얼거리고 춤을 춘다

혼자이면서도 혼자가 아닌

엿보지 않아도 그늘은 늘어나고
바깥은 아득하다
안은 모르는 것으로 꽉 차 있다

안팎에 적을 둔
자신 향해 서터 한번 눌러본 적 없다
나를 향한 눈

저것을 보면
정신 나간 내 정신이 제정신으로 돌아온다
생각날 때가 내가 내게서 가장 멀 때이다

정월

뚱뚱한 그녀가
초등학교 운동장을 돌고 있다

구름에 가려진 그녀의 그림자
덜 여문 허연 달걀껍질처럼 흐늘거린다

사랑, 미움, 연민, 증오가
몇 바퀴째 소화되고 있다

그녀의 그늘이
채 풀리지 않는 두 손을
달에게 띄우며 돌고 있다

철봉과 담장 사이
사막의 모래시계로 흐르던
속이 땀 찬 신발처럼 헛돈다

불안을 깬 그림자가 불그레하게 부화한다

발뒤꿈치에 쇠사슬 달린 그녀의 일생이
운동장을 끌듯, 운동장에 끌리듯
제 안을 천천히 돌고 있다

어둑한 운동장에는
구름에 가린 그녀의 어둠이
달로 하얗게 떠다니고 있다

그래서, 그럴까 봐, 안녕,

나는 너에게 거리를 둔다

미안하고, 나잇값 못하고, 주눅 들고, 초라하고

안녕은
내 갈빗대에 새긴 이정표

돌아가야 할 길 위에서 서성일 때
과속방지턱에 철렁, 엉덩방아 찧을 때

흔들리기도
충돌하기도

하지만,
하지만, 이정표를 따라 다시 거리를 유지한다

나는 나에게 거리를 둔다

기대하고, 미워하고, 오해하고, 요구하고

그럴까 봐, 여기서 안녕,

가깝고도 먼 이방의 구역에서
이러지도 저러지도 못하는
검은 그림자 하나

안녕,

한밤의 엘리베이터

한밤중에만 열리는 엘리베이터가 있다

말없는 새가슴의 그녀가 엘리베이터를 탄다
다급한 사이렌 소리도 올라탄다

이도 저도 아닌 새가슴은 퇴화한 날개입니다
구급대원이 사무적으로 말한다

누구의 잘못도 아닙니다
구급대원의 귓속말이 한쪽으로 기울 때
흰 가운이 깃털처럼 그녀를 감싼다

엘리베이터까지 흘러와 불거진 새가슴
들숨날숨 가파르게 부풀어오른다

눈시울이 붉게 젖은
그녀가 거울에 얼룩진 벽화를
눈물로 닦고 있다

비상의 텅 빈 갈비뼈,
모자이크된 소리가 가슴을 후비고
허공을 젓던 흰 손이 바깥을 연다
사이렌 소리가 쏜살같이 날아간다

담쟁이

온몸이 발바닥이다
바닥으로 바닥을 갈아탄다
거미줄 치듯 따라붙는
족적의 힘

뒷모습이 닮은 것들은
인간이기를 포기하고 싶거나
인간이고 싶은 경우일 거다

제 유서를 미리 써놓고 덤빈다 할까
사방이 사색이다

환승,

바닥을 탈피하기 위해
또 다른 바닥으로 올라타고 있다
무리 지어 일어서고 있다

제4부

빈집

텅 빈 새장 옆
찌그러진 개밥그릇만 남았다

남은 것만 남은
그 마당에 비가 내린다

실직, 가출, 비웃음, 불면이
깨어진 창문에 흘러내린다
남아도는 것들로 꽉 차
언제 허물어질지 모르고 짖는다

때 묻고 무성한 털 엉겨 붙은 유기견처럼
짖다가 저물다가 짖는다

죄다 떠나가고 저무는
저 물빛 적막
결국 이렇게 되게 되어 있었다

부적(符籍)

자고 일어나니
한쪽 얼굴에 부적처럼 상형문양이 찍혀 있다

내가 모르는 내가
바깥으로 드러났다

내가 알았지만 잊어버렸든지
내가 몰랐지만 알게 되었든지
어느 쪽도 내 얼굴이 아닌

불안, 증오, 폭력, 공포, 죄책감
불, 홍수, 각목, 진창

온몸에 도사리고 있는
보이지 않는 그 무엇들을 막아낸 힘이
하얗게, 불그스름하게, 우툴두툴 불거져
나를 들여다보고 있다

내 힘으로 막아낼 수 없는
내 속의 나를 막아내기 위해
내 몸이 평생 고이 지녀왔던

나의 부적(符籍)

내 한쪽 얼굴에 새겨진 문자를 더듬는
다른 한쪽 얼굴이 하얗게 질린다

전부가 아니면 아무것도 아닌

그래도 살아남는 게 아름답다

왕따를 당하던 한 아이는 그래도 아파트 옥상에서 뛰어내렸습니다 가늠할 수 없는 높이가 그 아이의 눈높이일 때 그것은 절벽의 남녘이란 생각이 드는군요 집단 따돌림에서 벗어나는 게 남녘이라면 추락하는 몸부림이 아름다움입니까 그 아이는 살아납니다

결혼 후 남편 폭언과 폭행에 시달리는 그녀는 자식들 때문에 이러지도 저러지도 못합니다 어쩔 수 없음에 기진맥진합니다 '내 탓'밖에 없어 죽어 사는 그녀의 우울이 지켜야 할 미덕입니다

몇 해 전 말기 암 선고를 받은 그녀와 마지막으로 떠났던 여행지를 거슬러 오릅니다 음식 한 점 못 삼키고 통증으로 연명하던 생이 아름다움이라면 그녀 죽음은 아름다움의 극치입니까

한 나무 아래 그녀의 뼛가루를 묻었습니다 이미 그곳을 잊었습니다

살아남는 게 남는 게 있다 없다, 생각하기도 전에 사망 신고서를 발급하는 한 나무에 이릅니다 덧없음을 가지가지 피웠습니다 죽음이 죽음을 해마다 밝히니 죽음은 날마다 봄날을 기억하겠군요

그래도 우리는 이곳에서 숙연해져야 합니까

에스프레소에 내리는 눈

1

그런 날은 눈이 내린다

그때부터 나는
뜨거운 적 없다 운 적 없다
없는 게 쌓여 재가 되었다

새벽이 와도 눈뜨지 않는
생각이 꼬리에 꼬리를 물면
마지막에는 죄인만 남는다 죄만 남는다

그런 날은
발자국을 찾아 헤매는 눈, 에스프레소에 내린다
태어나기 이전의 나를 아득히 바라보는
내 눈도 에스프레소에 내린다

2

눈 내리는 그 어딘가에 어미 곰 한 마리 새끼 곰을 찾아 떠

돌고 있다 발목이 푹푹 빠지고 있다 일어나야 하는데 핥아줘야 하는데 얼어버린 눈, 얼어버린 울음, 거식증에 걸린 거대한 백곰 한 마리 한없이 내리는 눈 속에 묻히고 있다 눈사람이 되고 있다

3

내 온몸이 만년설에 덮인 듯한 그런 날
오래전 내 새가슴에 묻은 어린 발목이 사락거린다
에스프레소의 눈사람, 눈물이 탄다

재 속에서 부화하는
푸드덕 날아오르는 새떼

이사

이번이 열한 번째, 나도 아홉 번째,
만나자마자 그녀와 내가 나눈 인사는 이사한 횟수였다
인사는 인사가 아니었다

먹는 것 제대로 못 먹고
입는 것 제대로 못 입고

아이들 학교가 굳이 비싼 동네를 선택했다
아이 대학 가면 진짜 이 동네 뜰 거다,
집값 싼 동네로 옮길 거다,
나를 위로하는 그녀의 노후대책

이사한 횟수만큼 흰머리와 주름도 늘었다
정작 우리가 불안해하는 건
이사가 아니다

마음보다 몸이 먼저 아픈
대학이 대학이 되지 못하는

자식에게 거는 기대가 부모에게 거는 기대로
없는 노후연금이 기초노령연금에게
불안이 불안을 더 키운다

나는 아홉 번째, 그녀는 열한 번째
이사, 지긋지긋한,

귀로 읽는 귀거래사

귀는 모서리로 귀결되는가

살면서 피해갈 수 없는 모서리
아슬아슬한 난간인 듯 누르고 문지른다
그것에 피가 돌 즈음

친구에게서 연락이 왔다 계단 모서리에 귀가 찢기고 떨어져나가 붕대를 감고 있다 새벽부터 새벽까지 우유 배달, 요양원 간병, 식당 설거지로 전전하던 친구는 정신없던 정신이 돌아올 때마다 자궁, 쓸개, 위를 하나씩 절제했다 액땜한 일굴에 피 말려 각축한 해골 같은 고흐 자화상이 걸려 있다

귀와 모서리의 함수 관계가 성립되는 날
귀는
와전되어 들려오는 욕
살기 위해 깎아내는 뼈
한때 도연명이 몸 담았던 세상으로 우뚝 섰다

민감해진 귀를 단발로 가린 내 앞에
숏커트 한 친구가 나타났다
이목 끌던 두루뭉술한 귀를 환하게 드러내고

창틀 위의 붉은 다육이

별 탈 없이 언니, 동생 하며 지내다가
집세 얘기 때문에 갑자기 사이가 틀어졌다

일층에 세 얻어 식당을 하는 그녀
평소엔 고추 농사하는 주인 언니 염색도 해주고
식당 앞에 상을 내놓고
고추 꼭지도 따주고 팔아주던 맘 좋은 동생이었다

친자매보다 더 친자매처럼 지냈다

식당으로 동생을 공부시키고
노모의 생활비도 책임져야만 하는 그녀

집세 기한이 가까워지면
둘 사이는 말라가는 고추처럼
순식간에 물기가 빠져나간다

집세 때문에 몇 블록 떨어진 작은 가게로 옮길 때

그 둘의 사이가
그깟 돈보다 더 그깟 것이 되어버렸다

가게에 놀러온 언니
마늘도 까주고 배추도 다듬어주며 일손을 덜어준다
언니, 동생 하던
그때 그 봄날은 다시, 올까

주인 언니 집 창틀에
그녀에게서 분양 받은 다육이가
붉디붉은 꽃을 피울 때

혼자, 라는 오래된 편

니가 잘났니, 내가 잘났니
죽네, 사네
편 가를 것 없는 한편

끝장나지 않을
한 편 막장의

딱, 부러지는 담판
生과 死의 합의이혼 같은

혼자, 막막하여 춤막춤막하지요

까마득히 어둑한 유폐의 유유자적
허허벌판 허옇게 흩뿌릴 살비듬의 자유

산 건지 죽은 건지
감감무소식의
너, 나 그리고 우리

아무렴,

얄짤없지요

꽃을 듣는다

철쭉 한 송이가 바닥에 떨어질 때
내 눈이 그쪽으로 쏠린다
소리 없는 꽃이 쿵,

바닥을 칠 때 낸 소리
그 묵직한 소리가 꽃을 피웠다는 생각

한순간 꽃의 소리와
두근대는 내 심장의 소리가 일치한다

어느 편에 서든
빗질 게 없는 순간
내가 꽃의 영혼을 엿볼 때이다

떨어지는 꽃들의 뒷모습을 바라보는
꽃들, 떨어져 뒤척이는 몸부림을 바라보는
꽃들, 그 꽃들을 바라보는
나를 내가 아득히 바라볼 때

꽃이 찾아온다

나는 내 가슴속에 꽃의 소리를 묻는다
수술에 달라붙은 끈적끈적하고 투명한 진액을 묻혀
손바닥 위에 그 소리를 갈겨쓴다

오늘,
꽃이 제자리로 돌아가시다

P의 피라미드 회유 전략

이런 회유 전략은
새끼 밴 길고양이에게도 유용하다
구운 쥐포 몇 점 던져주고
친족으로 포섭하는 법

나비야 청산 가자
청산은 생크림 케이크 꼭대기에 있고
고봉의 유혹은
뜬구름 속에 숨어 있다

P의 초콜릿 정상, 고양이를 향해 꼬리 친다
꼬리에 꼬리를 물고 오르는
난간에는 사자 발톱들이 박혀 있다

생크림 카펫 위
딸기, 오렌지, 블루베리
상패, 드레스, 박수갈채
풀코스 메뉴는 피라미드 형식

이리 온 나비야
한 단계 한 단계
점조직 속으로 다가가 봐

회유 전략은 P도둑에게나 유용한 것
피라미드 상단 기념비처럼 꽂힌
초콜릿, P의 검은 청산 향해
고양이들의 앞발이 번쩍,

이빨,

뭔가 생각난 듯 이빨이 근질거린다
뭔가 물고, 뜯고, 빨고, 씹고 싶다

불판 위 벌건 살점이 눈에 밟히고
고기 굽는 냄새가 귓가에 지글거리고

채식으로 비워오던
마음이 바삭, 굽힌다 바닥난다

어둠이 밝을 때까지 포복할 것

한입 구덩이 속 광기와 허기

제 안을 공격한다
제 이빨로 제 이빨을 물고, 갈고, 찢고, 질겅거린다

산 짐승과 죽은 짐승 사이
톱니바퀴처럼 맞물려 돌아가며 마모되고 있다

포획한 질긴 식욕을 소화하는 중이다

이빨이 이빨의 사냥감이다

감시카메라

식당 앞에 가지 잘린 나무 몸통

간판이 되어 길게 누워 있다

쩍쩍 갈라진 껍질, 날개인지 비늘인지

군데군데 불거진 하얗게 맨들맨들한 옹이

부엉이 눈인지 붕어 눈인지

저 뜬눈의 옹이, 안구돌출증이다

푸석한 나무껍질 사이

툭 불거진 매듭, 날 선 비명이다

나이테가 없다

고화소의 줌렌즈

역광을 배경으로

안구건조증의 내 눈을 피사체로 포착한다

찰칵,

눈감지 못하는 옹이

내 눈에 뿌리내리고

녹슨 다이얼 돌리듯 삐거덕 삐거덕

가묘

아버지는 둘째 아들 무덤에서 훌쩍, 건너뛰어 매장되었고 그 옆 어머니의 작은 체구에 안성맞춤인 가묘가 쌓아졌다 이때부터 어머니 영혼은 몸을 찾아 떠돌기 시작했다

어머니 몸을 찾아 무덤 속으로 들어갔다 반쯤 내려앉은 봉분 머릿속이 하얗게 비었다 얘야, 이 거울을 받아라 이마 위로 거울 반쪽이 떨어질 때 내 몸이 텅텅 울렸다 울지 마 얘야, 무너진 옆구리를 삽질하는데 산발한 둥굴레 뿌리 내 바짓가랑이 휘감았다 어머니 몸은 어디 있나요

몽유병처럼 떠도는 어머니 얘야, 거울이 안 보이는구나 흙더미를 파헤치기 시작했다 허구렁이잖아요 몸 없는 어머니 무덤을 매장할 때 어디선가 뻐꾹 뻐뻐꾹 뻐꾸기시계가 울었다 그만 일어나거라 얘야, 조각난 잠결을 합성하자 금 간 어머니 얼굴이 영정처럼 감쪽같았다 얘야, 네 얼굴이 반쪽이구나 앞으론 제발, 죽는다 죽는다 거짓말, 하지, 마세요, 어머니,

해설

그 모든 '경계'의 외줄, 혹은 생활의 첨예한 표상

박성현 시인

그 문장을 응시한다. 시간이 흐를수록 문장은 점차 종이 뒤로 사라지고, 홀연히, 무언가 아득한 표정을 지으며 떠오른다. 수면을 유영하는 유빙(流氷)처럼, 그것은 내 집중을 무기력하게 만들며 의식을 잠식한다. 그러나 그것은 문장의 기억들을 붙들고 있다. 막 꺼져가는 불빛이 남은 힘을 모조리 소진해 마지막 '빛'을 이끌어내듯이 그 기억은 사라진 문장의 텅 빈 흔적으로 나를 인도한다. 나는 그것을 '행간'이라 부른다.

바로 그 순간이다. 행간의 아득한 너머에서 희고 간결한 목소리들이 들려오기 시작한다. 그 목소리는 커튼 사이로 들어오는 늦은 오후의 가늘고 긴 빛과 같아서, 사물에 닿자마자 사물 속에 감춰진 온갖 '목소리'들을 이끌어낸다. 내부의 어둡고 기이한 표정들이 목소리의 경계 안에서 온전한 형체를 갖추게 되는 것이다. 마치, 벽에 걸린 악기들의, 잠재되고 불완전한 소리의 더미가, 악보—속—에서, 양피지 위에 거칠게 표기되는 음표들 사이에서 고유한 화성을 만들어내는 것처럼.

'행간'이라는 믿기 어려울 정도의 격렬한 이 사태를 우리는 무엇이라 불러야 할까. 문장이라는 완전히 발가벗겨진 몸이 표현하는, (문장은 누구에게나 열려 있다) 이 놀라운 기억에 대해 우리는 과연 언어로 불러 세울 수 있을까. 행간이란 분명 언어의 '너머'이며, 문장의 기억이자 망각이기 때문에 오로지 '나'라는 1인칭에서만 경험할 수 있다. 결코 시선에 포획되지 않으며, 냄새와 소리로도 붙잡히지 않는다. 오로지 언어와 언어 사이, 끝없이 이어지는 문장의 돌연한 휴지(休止)에만 묵시적으로 혹은 아주 찰나적으로 솟아오른다. 나는 행간을 유영하는 목소리의 이러한 매혹을 시의 나타남이라 부른다. 그리고 그 '나타남'은 문장이 사라져버린 '행간'에서 시작해 차츰 밝아지며 시인의 표정과 냄새, 단단함의 밀도와 관능을 드러낸다.

박봉희 시인의 매력은 행간을 파고들며 그러한 방법으로 문장의 기억(혹은 '망각')을 새롭게 펼친다는 데 있다. 그에게 행간이란 언어 속에서 언어의 흔적을 지우는 숨 막히는 통각이다. "줄은 끊어졌지만 소리는 끊어지지 않은"(「왜, 왜, 왜」) 소리와 소리—아님의 경계이고, 죽기 직전에 마지막 생(生)을 쏟아내는 나무에 핀 '꽃'(「낙법」)이며, "북태평양을 거쳐 남대천에 쏟아낼 연어 알"(「눈물의 장례」)과 같은 '눈물'이자, 도처에 존재하는 '천국'과 '지옥'의 동시성(「어떤 농담」)이다. 그는 이 보이지 않는 '장소'에 누구보다 가깝게 다가서며 시가 아닌 것들을 '시'로 돌려 세운다.

기억의 저 깊은 무저갱에서 '쓰다'

"거의 죽은 나무/이끼 낀 나뭇가지에 꽃"이 피어 있는 것을 발견한 시인은, 문득 텅 비어버린 나무의 내부—이곳이 바로 '행간'이다—에서 울리는 목소리를 듣는다. 그 '목소리'에서 그는 이상하리만치 강렬한 생명력을 느낀다. 그는 "나무야,/나무에게로 돌아가라"고, 그래서 "나무가 되고//아무것도 아닌 것"(「낙법」)이 되라고 말하는데, 그 의미의 가지들은 아무런 목적을 가지지 않고 오로지 존재로서 자신의 순수함을 입증할 뿐인 자기 부정의 형이상학으로 향한다.

이번 시집에서 시인은 거의 모든 문장들을 통해 자신의 내면에 무정형으로 떠다니는 '기억'들을 소환하고 있다. 여기서 '기억'이란 "내 안에 다른 세월이 있는지 들여다보고 싶"

(「록(Rock)」)다는 내적 욕망의 은밀한 투사 장치이며, "태어나고, 태어나/내가 더 많이 태어난다"(「줄장미」)는 주체의 끊임없는 자기 생성의 알레고리로 쓰인다. 이 기억을 통해서 우리는 우리로서 현존할 수 있는 경이로운 능력을 창출해내고, 또한 감각에 새겨지는 이미지들을 매 순간 다르게 펼칠 수 있게 된다.

한 가지 더. 기억이란 시간상으로는 과거의 그 무엇이지만, 철저하게 현재의 시간에 속해 있다는 점도 간과되어서는 안 된다. 다시 말해, 기억은 과거의 불러옴이면서 동시에 도래할 미래를 현재의 좌표로 통할하는 의미의 중단 없는 생산/작용이다. 비록 시적 화자의 모든 언어가 과거라는 유령에 붙들려 있을지라도, 그의 언어는 철저하게 미래를 현재화하는데, 이러한 이유로 현재라는 모호성은 자신의 어둠을 걷어내게 된다. 그런 의미에서 "웃음이 있는 한 뇌사(腦死)는 없"(「식물세탁기 웃음치료법」)다는 문장은, '웃음—이미지'에 내재한 '기억—이미지'의 적극적인 표현 방식이라 해도 무방하다. 살아있는 인간만이 기억을 삶의 지표(혹은 '방법')로써 생산할 수 있기 때문이다.

대부분의 시인이 그러하듯 박봉희 시인도 '기억'은 자신의 개인사에서 시작한다. 그런데 상당히 특이하다. 일반적으로 상정되는 '과거—개인'은 유년의 충만한 시간을 불러오거나 '유년'을 통해 자신의 정체성을 확인하는 경향이 있는데, 시인은 정반대로 유년—기억을 다시 쓰면서 그 '기억—이미지'들과 대결을 시도한다. 유령을 상대로 벌이는 이 치열하고 처절한 투쟁은, 자신을 완전히 발가벗길 때만이 그 온전한 실체가 드러나며 비로소 그 환영에서 벗어난다. 박봉희 시인의 기억은 "가정(假定)과 가정(家庭)은 피를 나눈 사이"라는 문장에 집중된다.

가정(假定)과 가정(家庭)은 피를 나눈 사이
담배 한 모금에 뜬구름 한 발
허공에 자욱한 총성

가정(家庭)이 힘들수록 가정(假定)은 늘어난다

그가 그에게 겨눈 희망과 절망이 낭자하다

허공에 띄운 먹구름이
이삿짐 풀어지듯 한숨으로 흩어진다
재의 하루가 저문다

오늘을 내일에 묻는
그의 말들이
물고 씹은 필터처럼 잘근잘근하다

가정(假定)과 가정(家庭)
수십 년 정을 통한
그가 그를 끊어내지 못한다

또다시, 그가 그를 향해 세상을 향해
삐딱하게 총구를 겨눈다

—「가정(假定)과 가정(家庭) 사이」 전문

시인은 '가정'(家庭)이라는 시어를 떠올리자마자 곧바로 '가정'(假定)으로 대체한다. 이 대체는 거의 '멈춤'에 가까운데, 이를 통해 그는 '家庭'과 '假定'의 공모 관계를 이끌어낸다. 통상 가정은 나와 가족이 기거하는 내밀한 '장소'이며 그 장소를 둘러싼 모든 활동을 통해 주체가 주체로서의 정체성을 확정하는 공간이다. 다시 말해 주체가 '그곳—에—있음'이라는 가장 원초적인 기억을 '경험'하는 곳이다.

그런데 그는 가장 내밀한 장소라 할 수 있는 '그곳'을 '가정'(假定)이라는 비식별 영역으로 대체한다. 그는 말한다. "가정(假定)과 가정(家庭)은 피를 나눈 사이"라고. 무슨 뜻일까. 왜 시인은 가정의 대체 불가능성을 모호하게 만들고, 거듭 자신의 정체성을 부정하는 것일까. 불편하게도 시가 전개될수록 가정(家庭)은 시인에게 "담배 한 모금에 뜬구름 한 발" 같은 정착할 수 없음의 기표이자 "허공에 자욱한 총성"처럼 절

대적인 공포의 대상으로 확정된다.

그가 "가정(家庭)이 힘들수록 가정(假定)은 늘어난다"고 말할 때는 이미 그러한 대체가 첨예해진 이후다. 가정(假定)이라는 말은, 그러므로 (가족을 포함한) 그 어떤 관계에서도 박탈당한 '벌거벗은 생명체'(조르조 아감벤)의 단단한 끈을 암시한다. 그는 주체로서 가질 수 있는 최소한의 증명서도 없으며 오로지 '재의 하루' 같은 불모의 날들에 사로잡혀 있다. 이러한 반복 속에서 '오늘'을 '내일'에 물을 수밖에 없는, 어쩌면 사내의 희망과 절망이란 더 깊은 나락으로 빠져들게 되는 사다리와 같다. 그가 그에게 겨눈 희망과 절망이 낭자하면 할수록 그의 늪은 모든 육체를 잠식한다.

"가상과 상상의 구분은 생활의 난(難)에서 나온다"(「생활의 발견」)라는, 이 같은 비극의 자기 서사는 「아직은, 시간이 있는」에서 좀 더 구체적으로 나타난다. 가난이라는 불가항력적 공포에 포획된 여성 화자는 결혼 예물로 받은 반지, 팔찌, 목걸이를 맡기고 골목을 돌아 나온다. "엄지와 검지로 더 이상 넘어가지 않는//주머니 속 지폐를 세고 또" 세지만, 이 얼마 안 되는 돈의 쓰임은 궁색할 따름이다. 핏기가 사라진 그녀의 입술에는 더 이상의 울분과 불안도 없다. 대로에 접어들자 그녀는 사라지고, 다만 방향 없이 흘러가는 흔적만을 남기는데, 그녀 역시 가정(家庭)을 '가정'(假定)으로 대체해버린 자라 해도 무방하다. 그 사내는 우리 모두의 얼굴이며 결코

과장되지 않은 우리의 삶과 동일하다.

여기서 우리는 박봉희 시인이 타자의 삶을 포착하는 지점까지 점차 확장되고 있음을 알게 된다. 요컨대 그의 시는 "가정(假定)과 가정(家庭)/수십 년 정을 통한/그가 그를 끊어내지 못한다//또다시, 그가 그를 향해 세상을 향해/삐딱하게 총구를 겨눈다"는 자기 부정의 처절한 일그러짐을 통해 우리의 얼굴을 조각하고 있는 것이다.

'아버지'를 소환하는 시들에서도 동일한 시적 전개가 나타난다. 여기서도 가정(家庭)은 가정(假定)과도 같아, 도무지 그(아버지)는 정착할 수 없는 사내로 그려진다. 아버지의 없음이라는 텅 빈 실존에 내버려진 채 시인은 수시로 떠난다. 어느 날에는 바람둥이 아버지처럼 무작정 상행선 열차에 몸을 맡겨버린다. "내가 올라탄 건 아버지의 휘파람/갈 데까지 가보자,/휘파람 부는 대로 몸을 실었으나/역마다 몸이 삐걱거렸고/내 노래는 아버지의 가사로 가득찼다"(「가자, 아버지!」)고 말하지만, 어딘지 모르게 기괴하고 어둡기만 하다. "천국에서의 한때 기억은 내게 없"다고, 자신을 "태어나자마자 늙어버린 꿈"(「록(Rock)」)으로 말하지만, 그것은 엄연히 존재했던 잔혹한 기억—현실이다. 그는 끊임없이 기억을 불러내고 죽이고, 다시 불러내기를 반복한다. 그의 천형인 역마살처럼. 하지만 생활의 도처에서 가정(假定)과 가정(家庭)의 은밀한 분열과 공모는 계속되고 있다. 아니, 우리 삶의 모든 부정은 이것으로부터 시작됐는지도 모른다. 그는 이것을 '소문'이라 말한다.

> 소문이라면 믿겠습니까
>
> 개가 없는 곳에서 개가 땅을 팝니다
>
> 화단에 목맨 목단은
> 개 같은 생의 환생이라 짐작해도 무난하겠습니까
>
> 키보다 낮은 철창에 갇혀
> 서지도 앉지도 못하는 엉거주춤의 자세와
> 누런 이빨 사이 흘러내리는 개의 진땀 사이로
> 헐떡거림이 꽃의 농담에 붉게 얼룩져 있습니다
>
> —「꽃의 우화」 부분

"개가 없는 곳에서 개가 땅"을 파고 있다는 이상한 소문이 들린다. 그것은 바로 가정(假定)이 지배하는 우리 삶의 비정상적인 장소를 지배하는 비정상적인 언어다. 언어의 내부에서 언어를 장악하고, 그 내적 장력을 파괴해버리는 소문은, 실체를 알 수 없음으로 하여 가정(假定)과 정확히 대칭을 이룬다. 가정(家庭)이 가정(假定)으로 대체되는 비인격적 상황

이 '소문'에서 다시 펼쳐지며 전개된다는 것.

이러한 '소문'의 잠재성(혹은 잠재적 전개)을 염두에 둔다면, 상당히 이질적인, 예컨대 "개가 없는 곳에서 개가 땅을 팝니다"와 "화단에 목맨 목단은/개 같은 생의 환생이라 짐작해도 무난하겠습니까"라는 두 문장이 비밀스러운 혈연관계에 있다는 것을 알 수 있다. '개'와 '목단' 모두 모호하고 불확정적인 소문을 축으로 하여 죽음을 이끌어낸다. '개―의―없음'을 통해 '개'라는 소문은 끊임없이 만들어지고, "화단에 목맨 목단"은 자신의 같은 '목단―의―없음'을 통해 스스로를 소문으로 만들어버린다. "헐떡거림이 꽃의 농담에 붉게 얼룩져 있"는, 어쩌면 '농담'이라 쓸 수밖에 없는 기억의 은밀한 포이에시스(poiesis); "오늘밤은 안 돼//안에서 문을 잠그면/안으로 들어가지 못해//이건 좋지 않은 방법"(「봄에 내리는 진눈깨비」)이라는 소통 불가능한 주체의 언어와 이 반복적인 균열을 펼쳐내면서 시를 통째로 낯설게 만들어버리는 능청.

그러므로, "내가 치고 뜯고 던지던 기타, 아버지를 대신했다 어떤 음표든 코드든 아버지와의 연주 안에서 가능했다"(「왜, 왜, 왜」)는 고백은 결국 '아버지'를 '소문'으로 다시 쓰면서(대체하면서) 자기 자신을 소진해야만 했던 기억의 깊은 무저갱을 지금 이 순간의 현실로 불러들인다. "저 고목, 오장육부가 다 숯이다 움푹 파인 속, 무덤이다 숯검정의 속은 숯검정에게 맡기고 고목이 가지를 뻗고 꽃을 피운다 자신의 무덤 속 흐르는 죽음을 빨아먹고 자신이 피어"(「꽃, 피우는 일」)나야 하는 울음 가득한 문장들이 스스로 일어서는 것이다.

지극히 사소한 '생활'의 펼쳐짐

박봉희 시인의 문장을 이루는 또 하나의 축은 '생활'이다. 기억이 그의 문장을 추동한 내적 장력이라면, 생활은 그 외연을 넓히는 언어의 작용들이다. 기억이 생활과 연결되면서 그의 문장은 좀 더 많은 이야기—고리들을 산출한다. 당연하지만 여기서 생산되는 생활—이미지는 바로 시인이 사물을 응시하고 내면화하는 태도와 거기서 파생되는 시인의 미세한 움직임을 함축한다.

무엇보다도 시인은 생활의 아주 사소한 일들도 놓치지 않고 기록하는데, "두부 앞에 서면 죄 짓지 않아도 죄스러워진다 두부를 살 때마다 막 출소한 자의 심정으로 두부를 받아든다 두부는 두부일 뿐이다 콩을 불리고 갈고 끓이고 짜고 굳힌 두부의 일대기 같은 목련, 물오른 나뭇가지 위 두부가 돋을새김으로 돋아난다"(「목련두부」)는 문장에서처럼, 두부를 보면서 자신의 삶을 반추하기도 하고, "이번이 열한 번째, 나도 아홉 번째,/만나자마자 그녀와 내가 나눈 인사는 이사한 횟수였다//…(중략)…//이사한 횟수만큼 흰머리와 주름도 늘었다"(「이사」)며 이사에 얽힌 기억 속에서 소시민의 잔혹한 애환을 그려낸다. 뿐만 아니다. "구제를 고르는 나도 구제, 너도 구제, 이국 청바지도 구제, 희망도 구제, 구제가 구제의 고객이다"(「구제」)라는 자본주의 물신성도 비켜가지 않으며, "제 밥줄에 목맨/사과는 이래저래 사과가 무겁다, 무섭다/기울어져 가는 탑처럼 쌓여 있는/사과,"(「사과, 하실래요」)라는 문장처럼, 우리들이 짊어지고 있는 어두운 생(生)의 단면도 진솔하게 포착하고 있다.

또한 "바라본 먼 데가 미열로 떠 있는 한 여자, 움켜쥔 알약을 마른 입속으로 털어넣는다 죽은, 죽지 못한 미라 한 구, 창 안 깊숙이 안치된다"(「창 안의 창」)는 우울과, "그런 날은 눈이 내린다//그때부터 나는/뜨거운 적 없다 운 적 없다/없는 게 쌓여 재가 되었다//새벽이 와도 눈뜨지 않는/생각이 꼬리에 꼬리를 물면/마지막에는 죄인만 남는다 죄만 남는다"(「에스프레소에 내리는 눈」)는 자기 부정과 회한, 자기혐오에 가까운 웃음과 낯설면서도 아이러니한 절망도 기록하고 있다.

이처럼 시인이 도처에서 발견하고 경험하는 '생활'이란 평범한 삶에서 지극히 사소한 풍경의 펼쳐짐이라 할 수 있는 것. 그러므로 "다진 발자취는 전부 굳은살이다"(「계단」)라는 뛰어난 문장이 단지 언어에 대한 시인의 미적 감각을 보여준

다기보다 오히려 일상이 되어버린 고된 생활의 무수한 단편들을 기록하려는 시작(詩作) 태도에 더 가깝다. 이러한 '태도'는 그의 시각을 마치 정밀한 렌즈처럼 작동하게 만들며 사물을 새롭게 직관하도록 변화시킨다.

철쭉 한 송이가 바닥에 떨어질 때
내 눈이 그쪽으로 쏠린다
소리 없는 꽃이 쿵,

바닥을 칠 때 낸 소리
그 묵직한 소리가 꽃을 피웠다는 생각

한순간 꽃의 소리와
두근대는 내 심장의 소리가 일치한다

—「꽃을 듣는다」 부분

철쭉 한 송이가 바닥에 떨어진다. 아주 느린 속도로 떨어지는 꽃이 바닥에 닿을 때, '쿵' 하는 소리가 울린다. 사방에 흩어지는 소리의 일렁임, 봄의 철쭉은 온통 산발한 여자처럼 흔들린다. 아무리 생각해도 저 '소리'는 물리적으로 불가능한데, 그의 눈은 정확히, 소리의 물리적 형태와 단단함 그리고 무게와 밀도를 포착하고 있다. 물론 이러한 사태는 그의 마음이 만들어낸 이미지 더미들이다. "언제나 닫힌 서랍 속"(「서랍을 열면」)과 같은 이미지들의 저장고(마음)에서 그는 완곡하면서도 집요하게, 시선과 소리를 일치시키면서까지 철쭉의 낙하를 그려내고 있는 것이다.

그런데, 저 '소리'가 다시 꽃을 피워내는 힘이라고 쓴다. "바닥을 칠 때 낸 소리"가, "그 묵직한 소리"가 다음 생(生)으로 이어지며 꽃을 밀어내는 이유라도 되는 듯 말이다. 꽃은 지고, 그 꽃이 나무에 스며들어 다시 꽃으로 환생하는 불가해한 지속을 이처럼 절묘하게 이끌어낸 문장이 있을까.

이에 더해 시인은 "한순간 꽃의 소리와/두근대는 내 심장의 소리가 일치한다"고 쓴다. 이것은 개체와 개체가 공명하며 서로의 삶을 자신의 것으로 삼아 풀어내는 완전한 표상으로, "뭔가 모를 뭔가가 함께하는/뭉클한 마음이 눈에 뿌리내려/그렁그렁 말갛게 익어가는//그런 날들이 있다"(「무언가 자꾸 눈에 밟히는 날들」)라는 문장에 닿아 더욱 커다란 파장을 일으킨다. 때문에 "꽃의 소리"와 "내 심장의 소리"는 서로 다른 별개의 것이 아니라 삶을 진동하는 생명의 완전한 일치다. 비록 그가 자신의 삶을 폄훼한다고 해도 그 가치는 지워지지 않는다. 왜냐하면, 별 볼일 없는 삶 자체가 확장된 주체에 해당하기 때문에 세상의 모든 '나'에 대한 이야기로 변용될 수 있는 것이다.

이와 같이 박봉희 시인은 자신의 생활을 기억이 표상하는 바에 따라 우리에게 펼쳐놓는다. 이때 생활은 주체와 타자가 서로 기대고 공존하는 첨예한 '장소'이자 각각의 삶이 동일한 좌표에 포용되는 '시간'이다. 다시 말해, 시인의 생활이란 주체의 고립된 반경이 아니라 주체와 타자가 접촉하는 경계이자 양자가 서로 스며들어 고유한 진동을 만들어내는 제3의 지대다. 마치 "구불구불한 지형과 지명을 나이테처럼 감은" '각북'이라는 삶과 죽음의 신성한 경계와 같은.

살아서 죽은 영혼을 위로하는
죽은 영혼을 흔들어 깨우는 그녀의 각북,
동녘의 맞은편에
천강성이라는 별이 길방을 비추기 위해 흉방에 위치하
듯

나무둥치의 길과 그곳에서 뻗어나간 길의 나뭇가지에
꽃의 조문행렬이 이어진다
각북, 잘 살았구나, 잘 자란 가지에 접붙인
그녀 옆구리에 피가 돈다
옹이 진 테이프 풀듯 그녀가 잎잎이 피어난다

재가 된 영혼이 넘지 못했던 재를 넘으며 홍얼거린다
각북, 애썼다

이것으로 네 할 일, 내 할 일 다했다

—「각북」 부분

여기서 각북은, 산 자와 죽은 자가 접촉하는 제3의 지대다. "살아서 죽은 영혼을 위로하는/죽은 영혼을 흔들어 깨우는 그녀의 각북,"이란 이승의 땅에서 죽음과 삶을 교통시키는 '신성한 곳'이라는 말이다. 여기서 시인은 반려견의 죽음을 아련한 수목장으로 애도한다. 그런데, 장례가 진행될 동안 이상한 일이 연거푸 일어난다. "나무둥치의 길과 그곳에서 뻗어나간 길의 나뭇가지에/꽃의 조문행렬이 이어"지고, "잘 자란 가지에 접붙인/그녀 옆구리에 피"가 돌기도 한다. 더욱이, '그녀'는 "옹이 진 테이프 풀듯" 온몸이 나무로 변형되며 시퍼런 이파리를 쏟아낸다. 인간은 나무와 구분되지 않고, 또한 각북은 신령과 분리되지 않는다. 삶과 죽음의 경계가 이토록 모호해지면서 삶은 죽음에 포획되고, 죽음도 삶을 지연시킨다. "죽음이 죽음을 해마다 밝히니 죽음은 날마다 봄날을 기억하겠군요"(「전부가 아니면 아무것도 아닌」)라는 죽음의 적극적이 다시 쓰기:

장례가 온 숲을 흔들어 깨우고 죽음을 보내는 일종의 의식을 펼치고 있는 것인데, 이때 숲은 잠시 삶과 죽음을 멈추고, 그것들을 일치시키면서 신적인 어떤 것을 그들에게 심어놓는다. 의식이 끝나면 몸에 새겨진 신의 표식은 곧바로 사라지겠지만, 삶이 죽음을 경험하는 (혹은 '삶이 죽음을 완성하는') 그 시간만큼은 명징하게 음각된다. 그래서인지 시인은 "각북, 애썼다/이것으로 네 할 일, 내 할 일 다했다"고 고백할 수 있는 것이다.

'신성한 세속화' 혹은 경계를 산다는 것의 의미

그렇다면 경계를 산다는 것의 의미는 무엇일까. (여기서의 '경계'란 생활 속에 내재하는 신성함과 세속화의 중립지대다) '생활'이라는 익숙한 곳이 갑자기 낯선 곳으로 돌변하게 되는, "내가 당신을 심연으로 밀어 넣을 때/나는 당신에게서 빠져나올 수 없다/나는 내게서 빠져나올 수 없다"(「어느 비 오는 날에」)는 그러한 타자와의 순간적인 마주침일까. 아니면, "앞으로 고꾸라진 머리가 먼지 낀 지구본처럼 빙빙 돈다 잠꼬대 속 예루살렘은 어디에나 있고 어디에도 없다 실루엣 너머 새로 생긴 사구(砂丘) 위로 코끼리가 지나간다"(「새벽 기도의 방식」)는 일상 속의 세속화된 신성함일까.

여하튼, 경계를 산다는 것은 경계의 안과 밖을 경험한다는 일이며, 주체 내부에 작동하는 '주체화 과정'에서의 포함과 배제를 넘나든다는 것이다. "세월이 얼마나 더 깊어야 바닥을 보일까/보이지 않는 바닥이 누적될수록 무성해"(「말할 수 있을 때까지」)질 수밖에 없다는 문장에서 우리는 시인에게 던져진 생활의 무게가 얼마나 무거운지를, 그리고 그 '무게'로 인해 바닥(곧 '경계')으로 밀려날 수밖에 없는지를 알 수 있다. 때문에 시인이 지적하듯, 어떠한 상황 속에 내던져져 있어도, '경계'를 산다는 것은 바닥을 딛고 선다는 일이고, 그럼으로써 온몸이 발바닥이 되어버리는 신비한 변신 혹은 잔인한 '넘나듦'의 과정과 동일하다.

그러나 이보다 더 중요한 것은, 경계에 발바닥을 밀착시킴으로써 (시인이 불러내고 시인과 접촉한) 서로 다른 주체들이 겹쳐지고 상충되며 분할되는 과정에서 순간적으로 솟아오르는 역동적이고 집요하면서도 새로운 이미지들의 나타남이다. 비록 그 순간순간이 "여전히 비가 온다 내 눈에도 비가 온다 아득하다 어둑하다 누군가 시동을 걸자 몸이 몸속으로 빠져든다 잠을 안약처럼 눈에 넣고 눈을 감으면 내가 허락하지 않은 삶을 내가 사는 순간이 온다 구멍 뚫린 검은 돌처럼 영혼이 빠져나간 순간은 잠잠하다 내가 내 생시의 꿈을 들여다보는 것 같"(「메아리, 검은」)은 것이지만, 우울 속에서도 시인의 손끝은 늘 경계를 사는 것에 집중된다.

텅 빈 새장 옆
찌그러진 개밥그릇만 남았다

남은 것만 남은
그 마당에 비가 내린다

실직, 가출, 비웃음, 불면이
깨어진 창문에 흘러내린다
남아도는 것들로 꽉 차
언제 허물어질지 모르고 짖는다

때 묻고 무성한 털 엉겨 붙은 유기견처럼
짖다가 저물다가 짖는다

죄다 떠나가고 저무는
저 물빛 적막
결국 이렇게 되게 되어 있었다

—「빈집」 전문

그러나 '경계'는 혼자 살아야 한다. "텅 빈 새장 옆/찌그러진 개밥그릇"처럼 혼자 남아 자신의 수족을 거느리며 외롭고 쓸쓸한 삶을 이겨내야 한다. 생활이라는 공동의 장소, 주체와 다른 주체들이 어울려 함께 사는 그 '장소'에서도 혼자 살아야 한다는 사실은 변함이 없다.

문득 시인은 자신의 내면을 조용히 들여다본다. "남은 것만 남은/그 마당에 비"가 내리고, 비를 타고 "실직, 가출, 비웃음, 불면이/깨어진 창문"을 타고 흘러내린다. 언제고 허물어진다 해도 이상하지 않을 만큼의 퇴락한 빈집에서 그는 "때 묻고 무성한 털 엉겨 붙은 유기견처럼/짖다가 저물다가" 다시 비에 젖는다. 빈집이 바로 '나'의 모든 것이다. "죄다 떠나가고 저무는/저 물빛 적막" 앞에서 그가 쓸 수 있는 문장은 단 하나다. "결국 이렇게 되게 되어 있었다"라는, 뿌리 깊은 절망과 체념의 문장이 그것이다.

'빈집'이라는 자기 부정의 이미지에도 불구하고, '혼자'라는 단어에는 "바닥을 탈피하기 위해/또 다른 바닥으로 올라타고 있다/무리 지어 일어서고 있다"(「담쟁이」)는 삶을 향한 강렬한 욕망이 웅크려 있다. "혼자이면서도 혼자가 아닌//엿보지 않아도 그늘은 늘어나고/바깥은 아득하다/안은 모르는 것으로 꽉 차 있다"(「관음죽」)는, 오래되어 새롭고, 새롭기 때문에 더 부드럽고 단단한 그것은, 시인만이 걸을 수 있는 경계의 외줄이다. 지금이 바로 "주인 언니 집 창틀에/그녀에게서 분양 받은 다육이가/붉디붉은 꽃을 피울 때"(「창틀 위의 붉은 다육이」)가 아닌가. 바로 이 모든 사태가 박봉희 시인의 기억이자 생활이고 행간의 첨예한 표상이다.

이 도서의 국립중앙도서관 출판시도서목록(CIP)은 서지정보유통지원시스템 홈페이지(http://seoji.nl.go.kr)와 국가자료공동목록시스템(http://www.nl.go.kr/kolisnet)에서 이용하실 수 있습니다.(CIP제어번호: CIP2018029446)

문학의전당 시인선 0291

복숭아꽃에도 복숭아꽃이 보이고

초판 1쇄 인쇄 2018년 9월 13일
초판 1쇄 발행 2018년 9월 20일
지은이 박봉희
펴낸이 고영
책임편집 서윤후
디자인 헤이존
펴낸곳 문학의전당
출판등록 제2017-000002호
주소 서울시 마포구 마포대로 11길 91, 3층
전화 02-852-1977 팩스 02-852-1978
전자우편 sbpoem@naver.com

ISBN 979-11-5896-389-7 03810

* 이 시집은 2018 대구문화재단 개인예술가창작지원으로 출간되었습니다.

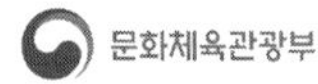

문화체육관광부